CON GRIN SUS CONOCIMIENTOS VALEN MAS

- Publicamos su trabajo académico, tesis y tesina

- Su propio eBook y libro - en todos los comercios importantes del mundo

- Cada venta le sale rentable

Ahora suba en www.GRIN.com y publique gratis

Bibliographic information published by the German National Library:

The German National Library lists this publication in the National Bibliography; detailed bibliographic data are available on the Internet at http://dnb.dnb.de .

Imprint:

Copyright © 2017 GRIN Verlag, Open Publishing GmbH
Print and binding: Books on Demand GmbH, Norderstedt Germany
ISBN: 9783668597600

This book at GRIN:

https://www.grin.com/document/376827

Emiliano Gutierrez

"Nuevos Pobres". Vulnerabilidad y Exclusión en Argentina durante el período 1990-2002

GRIN Publishing

GRIN - Your knowledge has value

Since its foundation in 1998, GRIN has specialized in publishing academic texts by students, college teachers and other academics as e-book and printed book. The website www.grin.com is an ideal platform for presenting term papers, final papers, scientific essays, dissertations and specialist books.

Visit us on the internet:

http://www.grin.com/

http://www.facebook.com/grincom

http://www.twitter.com/grin_com

"Nuevos Pobres": Vulnerabilidad y Exclusión en Argentina durante el período 1990-2002

Emiliano Martín Gutiérrez

Palabras clave: nuevos pobres, necesidades básicas insatisfechas, línea de pobreza

Introducción

Ciertas condiciones económicas de la década del '90 han dado lugar a la génesis y evolución de un nuevo estrato social en Argentina denominado "Nuevos Pobres", quienes perteneciendo a una clase media, sufrieron una abrupta reducción de sus ingresos y en términos de mediciones estadísticas, quedaron por debajo de la línea de la pobreza.

Objetivo

Caracterizar los nuevos pobres dentro de la estructura social y describir su evolución a lo largo del periodo 1990-2002.

Método

Se analiza la evolución cuantitativa de los nuevos pobres a través del denominado Método Integrado de Pobreza considerando las variables Necesidades Básicas Insatisfechas y Línea de Pobreza en dos periodos: 1991-1994 y 1995-2002 para el Gran Buenos Aires.

Resultados

En los periodos bajo análisis se observan dos situaciones contrapuestas: una fase de tendencia decreciente del porcentaje de nuevos pobres (1990-1994) seguida de una etapa con tendencia creciente (1995-2002).

Introducción

Durante la última década del siglo XX, nuestro país experimentó un incremento de la proporción de grupos sociales viviendo en condiciones de pobreza los cuales quedaron expuestos a distintos niveles de privaciones. La crisis económica, política e institucional del año 2001, puede considerarse como un momento histórico donde se cristaliza esta el incremento durante los años anteriores, de individuos con grandes dificultades para llevar a cabo una vida digna. De esta manera resulta de interés la presencia de un sector social denominado Nuevos Pobres, cuya situación de pauperización presenta características específicas.

El análisis de este estrato social no puede interpretarse como una cuestión aislada, sino que por el contrario tiene una gran vinculación con la situación política, económica y social, tanto nacional como internacional a lo largo del período temporal indicado. Adquiere profunda relevancia considerar cual es la situación dentro del tejido social en el cual se posicionan los nuevos pobres frente a la situación de riesgo social que atraviesan, en términos de vulnerabilidad y exclusión.

El trabajo se estructurará de la siguiente manera. La sección I presenta los antecedentes del tema de estudio ilustrando el contexto histórico y socioeconómico que lo determina. La sección II expone un abordaje tanto cuantitativo como cualitativo del fenómeno de los nuevos pobres. Finalmente en la sección III se señalarán las principales conclusiones.

I. Antecedentes: contexto histórico y socioeconómico

A partir de la década de 1980 el mundo asiste a una caída de la denominada "edad de oro del capitalismo". Durante todo el periodo de post-guerra hasta la crisis del petróleo (1973), el panorama mundial de crecimiento económico, se había replicado tanto en las economías centrales como las sub desarrolladas. A partir de mediados de la década del '70 existió un punto de inflexión que modificó drásticamente la situación macroeconómica. Esta situación de recesión, a nivel mundial tuvo diversas repercusiones en cada uno de los estados del mundo, teniendo un impacto social digno de señalar. En este sentido Castell (1997) observa el quiebre de una estructura social que hasta el momento se fundaba en la existencia de una sociedad salarial, donde la condición de asalariado por sí misma no determinaba al individuo en sí, sino que el mismo pertenece a una sociedad salarial a través de diversas dimensiones tales como: el nivel de consumo de masas, el acceso a la educación pública, el servicio militar obligatorio, eran algunas de las facetas de las cuales el sujeto formaba parte. Es menester señalar que a pesar de la consolidación de este estrato social, dentro del mismo existían heterogeneidades asociadas a los diferentes niveles salariales. Brender y Aglietta (1984), precisan en este sentido que la "cohesión de una sociedad no se encuentra en una ley general, abstracta y uniforme" (p.2). Castell (1997) sintetiza a la sociedad salarial como una "cierta cantidad de bloques separados y a la vez unidos por esta lógica de la distinción que opera en el seno de cada conjunto y asimismo entre los diferentes conjuntos" (p.370).

Dicha cohesión social no podía subsistir sin una presencia estatal activa que cumpliera el rol de asegurador del bienestar social. Su efectividad residió en la actuación de dos aspectos fundamentales: en primer lugar como mediador en la relación empleado-empleador, previniendo cualquier conflicto por parte de los asalariados que hiciese tambalear la estabilidad social, y garantizando un margen de beneficios que permitiese a las elites empresariales preservar su rol de fuerza dominante. En segundo lugar, este modelo de política estatal, denominado *Estado de bienestar*, tuvo el rol de garantizar profundas políticas públicas sobre toda la masa salarial, con el objeto de reducir las desigualdades existentes, proveyendo bienes y servicios a los trabajadores (Santarsiero, 2011).

Las innovaciones en el campo de la tecnificación de los procesos productivos, la privatización de las empresas públicas, la flexibilización en las relaciones laborales y jurídicas son algunos factores relevantes al momento de explicar la crisis de la sociedad salarial (Vecslir, 2010) y su ruptura como expresión de cohesión social.

En este sentido es menester resaltar el surgimiento del neoliberalismo como doctrina hegemónica en las decisiones de política de varias naciones, entre ellas Argentina, donde la figura del Estado se orienta hacia el diseño políticas sectoriales, fragmentando intereses sociales y compromisos ciudadanos.

Este punto de inflexión trajo aparejado un quiebre en la estructura social donde la población vulnerable situada en los límites de la sociedad salarial, era un grupo cuantitativamente no muy importante, más bien residual y que no parecía "cuestionar las reglas del intercambio social ni la dinámica del progreso continuo de la sociedad" (Castell, 1997, p. 379).

En el caso concreto de Argentina puede señalarse que a partir de la década de los ´90, se observan grandes deterioros en varios indicadores sociales. Dicha situación no es ajena al contexto político sino que muy por el contrario se encuentra fuertemente ligado a este. En el plano internacional el paradigma de *Estado mínimo,* como expresión opuesta al anteriormente mencionado *Estado de bienestar,* propugnado por el Consenso de Washington, tuvo profundo impacto sobre las políticas de ajuste adoptadas internamente (Garcia Delgado, 1998). La estabilidad macroeconómica pretendida por este programa consistía en reformas estructurales, a partir de la liberalización de los mercados, tanto los de bienes y servicios como los financieros, y a su vez una reducción del déficit fiscal, combinación que le daría a los países que lleven a cabo tal recetario la posibilidad de salir del estancamiento económico y hallar la tan ansiada estabilidad de precios (Capurro, 2008).

El resultado de las políticas adoptadas durante la década del´90, cuya presidencia estuvo a cargo de Carlos Saúl Menem, dio lugar a un empobrecimiento de la población (Minujin & Kessler, 1995). Por otra parte, a partir de 1999, con la asunción de Fernando de la Rúa como mandatario de Argentina, los problemas sociales se profundizarían, lo cual conllevó a su renuncia en diciembre de 2001 en medio de una crisis económica, política y social. Un indicador que ilustra esta situación es el coeficiente de Gini, el cual a lo largo de estos años sufre un incremento importante reflejando esta situación de creciente inequidad.

Gráfico 1.Coeficiente de Gini en Argentina durante el periodo 1991-2002.

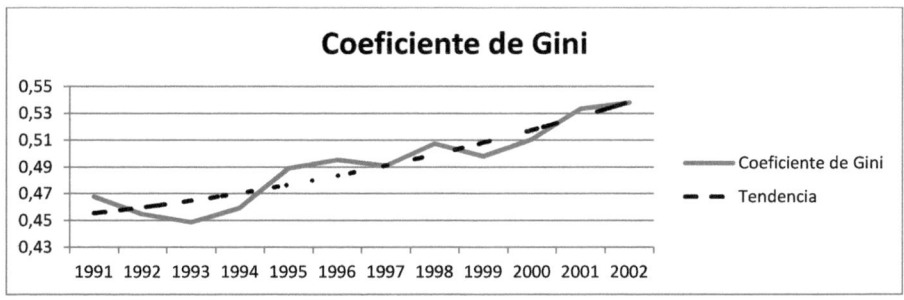

Fuente: Elaboración propia sobre la base de Banco Mundial (2016).

La situación de desigualdad refleja un sesgo redistributivo a favor de aquellos sectores con mayores ingresos, donde la relación de los Ingresos per Cápita Familiares (IPCF) entre el primer y último quintil para el Gran Buenos Aires, pasó de ser 12 veces (al comienzo de la década estudiada), a 17 veces, durante el régimen menemista, agravándose aún más esta situación durante la gestión posterior, donde esta relación ascendió hasta más de 20 veces.

Gráfico 2. Relación del IPCF (%) entre quintiles para Gran Buenos Aires.

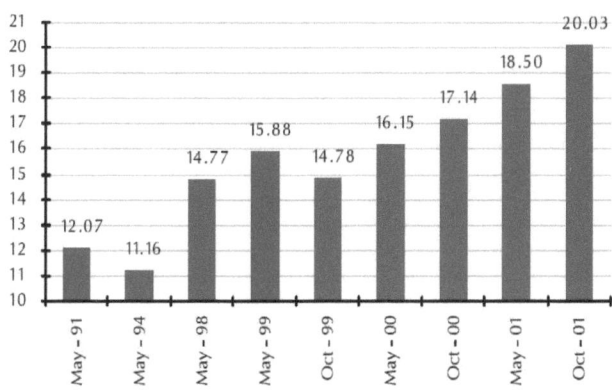

Fuente: Tomado de Ministerio de Economía y Finanzas Públicas (2005).

La existencia de una profunda desigualdad durante este período temporal, tiene relación directa con la situación existente en el mercado laboral, siendo la presencia de expulsión de mano de obra la principal explicación de este resultado (Ministerio de Economía y Finanzas públicas, 2005). El incremento del desempleo es, en este sentido, una variable que se acrecienta a lo largo de este período alcanzando más de 8 puntos porcentuales[1].

Gráfico3.Desocupación y Subocupación demandante (%) en Argentina durante el período 1990-2001

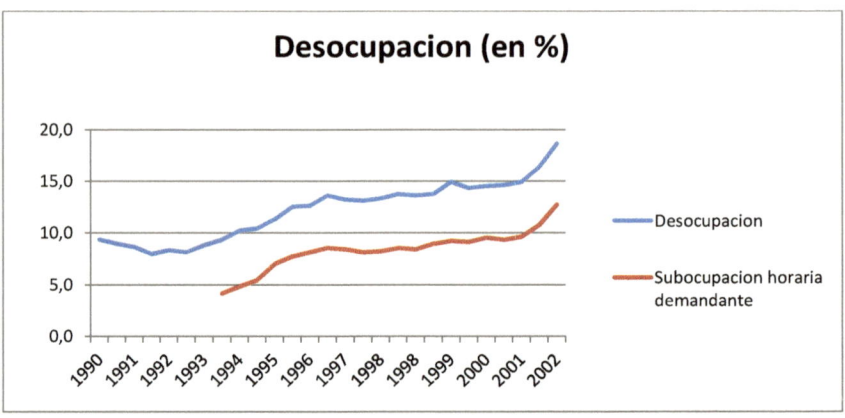

Fuente: Elaboración propia sobre la base de EPH.

Otro indicador a tener en cuenta al momento de evaluar el impacto negativo de las políticas menemistas y delarruistas en el mercado laboral lo plantea Carbonetto (1997), quien considera la sub-ocupación como aspecto relevante del mercado laboral. Considera sub-ocupación a aquellos individuos que trabajan menos de 35 horas semanales pero que consideran necesario buscar otro empleo para alcanzar ingresos superiores al que actualmente perciben.

---

[1] Mayo 1990 8,6%. Octubre 2001 16,3%.

II. Nuevos pobres

<u>Aspectos cualitativos</u>

Las modificaciones en el contexto económico durante la última década alteraron profundamente la estructura social precedente, dando lugar al empobrecimiento de parte de la estructura social,

"Que debido a una fuerte y permanente movilidad descendente han visto caer sus condiciones de vida a niveles equivalentes a la de los pobres, muy por debajo de las que han tenido en el pasado tanto ellos como, posiblemente, su generación precedente. No se trata de una pobreza heredada, sino adquirida o, mejor dicho, a la que se han visto empujados por el proceso de crisis, estabilización y ajuste, proceso que si bien ha sido colectivo y generalizado no siempre es vivido de esta manera por quienes lo sufren, la mayor parte de los cuales viven sus posibilidades de retorno a condiciones anteriores como un salvataje individual"(Minujin, 1995, p. 16).

De esta manera el nuevo pobre, es alguien cuya inmersión en situación de pobreza es reciente, impensada para él mismo, siendo a diferencia de los denominados pobres estructurales, generada a partir de una reducción de sus ingresos, los cuales lo sitúan en términos de mediciones estadísticas, por debajo de la línea de pobreza. Se trata específicamente de un segmento proveniente en su mayoría de clase media (Lvovich, 2003), pero que a pesar de esta situación de pauperización, comparte profundas diferencias con los pobres de "vieja data". Aspectos comunes a la añorada clase media aún subsisten[2], pero otros, producto del empobrecimiento han desaparecido. Sin embargo en la identificación social el nuevo pobre, desconoce esa brusca movilidad descendente; la categoría de pobre no es considerada como definitoria de la situación que atraviesa (Galassi, 2011).

Precisamente a diferencia de quienes presentan una situación de pobreza heredada, Minujin y Kessler (1995) señalan que el capital social y cultural acumulado por aquellos individuos empobrecidos, les permite tener un calidad de vida que pretende imitar la condición de no pobre anteriormente perdida. Para Bordieu(1980; 1979) el capital social es entendido como un conjunto de recursos sociales actuales o potenciales

---

[2] Minujin y Kessler (1995) ilustran situaciones de análisis donde se observa esta dicotomía, el acceso a la educación superior, el número de hijos, la cobertura de salud, la precariedad laboral, el desempleo, entre otros.

que se encuentran vinculados a la posesión de una red durable de relaciones en algún punto institucionalizadas. El capital cultural puede ser comprendido como el conjunto de recursos culturales que posee un individuo como así aquellos que puede eventualmente llegar a movilizar. La acumulación es desigual con cada uno de los diferentes individuos, por lo que resulta difícil otorgarles una caracterización unívoca e indiscutible a los nuevos pobres. Si hay algo que reside en la misma como una cuestión preponderante es su heterogeneidad (Iriarte, 2003).

En este nuevo panorama social se hace evidente la necesidad de replantear quienes aún prosiguen integrados al sistema social, quienes están en peligro de perder esta condición y quienes ya la han perdido. Entendiendo a la pobreza como un estado de deterioro que "indica una ausencia de elementos esenciales para la subsistencia y el desarrollo personal como una insuficiencia de las herramientas necesarias para abandonar aquella posición" (Perona, Crucella, Rocchi, & Robin, 2001, p. 2), el nuevo pobre presenta una privación que lo coloca en una situación de riesgo: el deterioro de sus ingresos actuando como una amenaza al trasladarse a otras dimensiones como el acceso a la salud, educación, vivienda, entre otras (Minujin & Kessler, 1995). Sin embargo dicha situación de riesgo es difusa, cuyos límites no son específicamente delimitados y varían en cada situación particular. Esta situación de riesgo debe ser entendida como de vulnerabilidad en la que se expone una condición social de riesgo, de dificultad, que inhabilita e invalida de manera inmediata como en el futuro la satisfacción de su bienestar tanto en subsistencia como en calidad de vida (Perona et al., 2001). Sin embargo el pasaje de ser vulnerable a ser vulnerado debe adquirir total relevancia al momento de introducir una cuestión de profunda relevancia: la exclusión.

La exclusión hace referencia a una sociedad particular y es un concepto relativo, ya que es un término dinámico y relacionado entre sí con el concepto de inclusión. En cierto contexto histórico puede considerarse a cierto individuo incluido y en otro no (Vecslir, 2010). En el caso de la exclusión, es el espacio social donde se mueven los individuos desprovistos de recursos económicos, soportes relacionales y protección social. En consecuencia, la exclusión es un fenómeno complejo, que designa un rasgo estructural de la sociedad, y cuya profundidad se percibe a partir de las múltiples formas que puede asumir (Sobol, 2005).Concretamente el nuevo pobre, se configura en esta zona intermedia de vulnerabilidad social, oscilando entre la exclusión y la inclusión, aunque si bien se encuentra en situación de pobreza, la misma no se presenta de la misma manera que en el caso del pobre estructural el cual debe ser entendido como aquel segmento de la población que presenta insatisfacción de algunas necesidades materiales consideradas básicas para llevar a cabo una vida digna. De esta manera el debilitamiento de los capitales sociales y culturales, actúa como potencial amenaza, implicando una pérdida de la integración al tejido social.

Por otra parte Hernández Pedreño (2010) llega a considerar incluso que la exclusión presenta diversas intensidades, siendo una de ellas la vulnerabilidad. Esto último por parte de la situación que atraviesan los nuevos pobres resulta consistente: los nuevos pobres en caso de ver incrementadas sus dimensiones de privación corren el riesgo de pasar a engrosar las filas de la pobreza estructural.

Cuadro 1. Conceptos y dimensiones vinculados con los Nuevos Pobres.

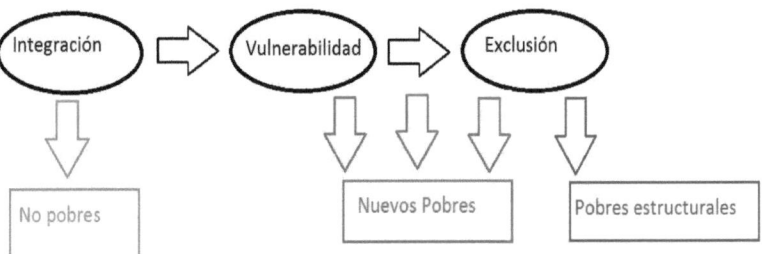

Fuente: Elaboración propia a partir de Arriagada (2005), Lis (2010), Minujín y Kessler(1995), y Sobol(2005).

Asimismo Castell (1997) denomina esta desintegración de los individuos del tejido social como un proceso de *desafiliación* a fin de referirse a la situación que la crisis de la sociedad salarial posee sobre la inserción relacional de los agentes (Sobol, 2005), la cual en el caso de los nuevos pobres se traduciría en una pérdida gradual de recursos y derechos anteriormente adquiridos.

Aspectos cuantitativos

El segmento de nuevos pobres se ubica en una zona intermedia entre el pobre estructural y los sectores no pobres. La medición de este estrato social configura un desafío por resolver. Diversos autores (Boltvinik, 1992; Galassi, 2011; Lvovich, 2003; Minujin,

1995; Minujin & Kessler, 1995; Minujin & López, 1994) coinciden en la necesidad de caracterizar a los nuevos pobres como aquel sector de la población que no posee Necesidades Básicas Insatisfechas (NBI) y que sin embargo se encuentran debajo de la denominada Línea de Pobreza (LP), tal como se indica en el Cuadro 2.

Cuadro 2. Situación de los estratos sociales a considerar con respecto a la LP y las NBI.

	Pobres estructurales	Nuevos pobres	No pobres
NBI	SI	NO	NO
Situación respecto a LP	Por debajo	Por debajo	Por encima

Fuente: Elaboración propia a partir de Galassi (2011), Minujin(1995) y Minujin y Kessler(1995).

De esta manera la situación y evolución en términos estadísticos de los nuevos pobres a lo largo del tiempo es detectable a través del denominado Método Integrado de Pobreza (Arakaki, 2011; Galassi, 2011), el cual surge a partir de la Encuesta Permanente de Hogares, revelando la presencia/ausencia de NBI y la ubicación de los hogares dentro de la LP. En este sentido, para observar la evolución cuantitativa de la nueva pobreza durante la década del '90, se considera le necesidad de dividir la misma en dos fases, la primera de ellas comprendida entre los años 1991-1994 y la segunda entre 1995-1999. El área específica de análisis es el Gran Buenos Aires, debido a la accesibilidad de datos y trabajos vinculados al tema.

1990-1994 Inicio de la Convertibilidad

La crisis hiperinflacionaria experimentada a finales de 1989 y principios de 1990, generó una reducción de profunda magnitud en el nivel de ingresos de los hogares (Laborda, 2014). Dicho escenario fue propicio para disparar, a comienzos de la década, la cantidad de hogares con ingresos inferiores a la LP pero sin NBI. Sin embargo la tendencia durante todo este periodo de tiempo iría en franco descenso.

Arakakai (2011) resalta en esta etapa como un hecho importante a nivel macroeconómico explicativo de esta cuestión, el establecimiento del plan de paridad cambiaria, denominado convertibilidad. En el corto plazo, la implementación de un tipo de cambio fijo, aparece como principal causante de un incremento en el consumo, dado a partir de la estabilización de precios y el crecimiento económico experimentado en dicho periodo de tiempo (Arakaki, 2011; Capurro, 2008).

Gráfico 4. Evolución Nuevos Pobres 1990-1994 (en %).

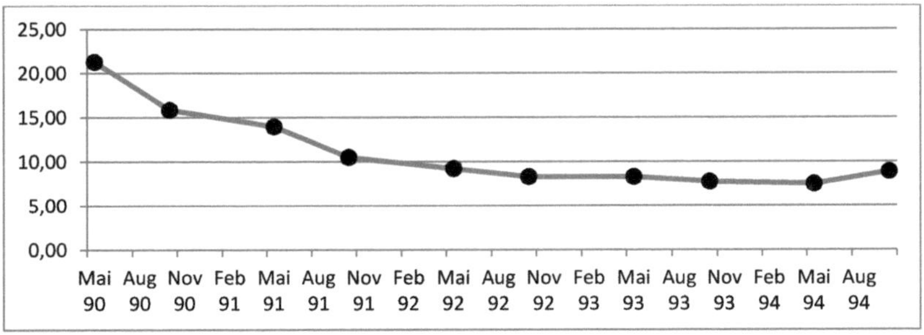

Fuente: Elaboración propia a partir de Arakaki (2011).

1995-2002 Convertibilidad, crisis y flexibilización laboral

El incremento del desempleo durante la década tuvo un notable crecimiento alcanzando un máximo de 18,4% para 1995 (ver gráfico 3). Las explicaciones obedecen a las profundas reformas en el mercado laboral iniciadas a finales de 1993 y que tuvieron como resultado una mayor flexibilización en la contratación de mano de obra(Ministerio de Economía y Finanzas públicas, 2005; Sala, 2008), reduciendo los ingresos de gran parte de hogares de clase media[3]. Asimismo debe indicarse como hecho importante durante este período, la crisis de México durante el año 1995, la cual repercutió negativamente en nuestro país dando lugar a una reducción de la actividad económica (Arakaki, 2011; Ministerio de Economía y Finanzas públicas, 2005), siendo la misma agravada por la existencia de un tipo de cambio fijo, es decir por la vigencia de la ley de convertibilidad[4](Arnaudo, Querol, & Pérez, 2003).

---

[3]Kessler y Minujin(1995) recopilan algunas historias de vida donde se ilustra este hecho de formar esclarecedora, señalando como abruptamente varios hogares pierden de un momento a otro su principal fuente de ingresos.
[4] Durante la crisis de México y con plena vigencia de la ley de convertibilidad, la imposibilidad de incrementar la base monetaria de forma discrecional, sino sujeto al ingreso de divisas, invalidó totalmente la posibilidad de realizar políticas monetarias tendientes a expandir la actividad económica.

Gráfico 5. Evolución Nuevos Pobres 1995-1999 (en %).

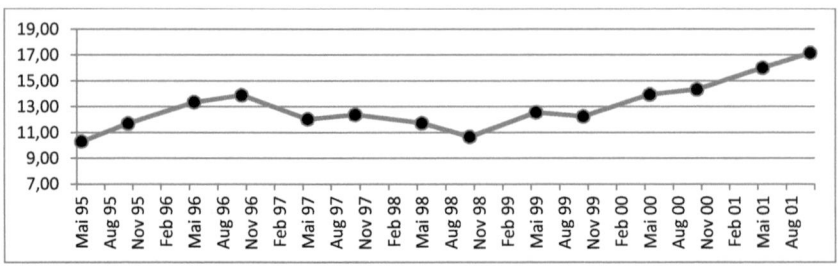

Fuente: Elaboración propia a partir de Arakaki (2011).

Sin embargo a partir de 1997 se experimentó una situación de recuperación del ciclo económico, en la cual fue vital el apoyo externo del FMI (Arnaudo et al., 2003). No obstante, durante los años venideros, se producen una serie de crisis en diversas partes del mundo (el sudeste asiático en 1997, Rusia en 1998 y finalmente Brasil en 1999) lo cual presenta un impacto negativo sobre el nivel de producto del país durante 1999, generando esta situación un incremento de hogares en situación de pobreza (Arakaki, 2011; Capurro, 2008). A finales de ese último año, se produce un cambio en la gestión presidencial, asumiendo por aquel momento Fernando de la Rúa la presidencia de Argentina. Sin embargo, a pesar del cambio de gestión, los indicadores vinculados a la economía real evidenciarían una profunda situación de crisis durante los años 2000 y 2001. Sin embargo el corolario de este escenario devastador ocurriría en diciembre de 2001 y en los meses posteriores. Maxidevaluación de la moneda local, hiperinflación, declaración de *default,* confiscación de ahorros en dólares, fuga de capitales al extranjero son algunas de las consecuencias que propiciaron un incremento explosivo del desempleo (ver gráfico 1) durante este período temporal y acrecentando dramáticamente la cantidad de personas en situación de pobreza (Gervasoni, 2003) .

III. Conclusiones

La aparición de los nuevos pobres en Argentina no fue un fenómeno aislado de la situación mundial ni nacional, sino que se encontró fuertemente vinculado a diversas dinámicas de índole política, social y económica. En este sentido, la crisis de la denominada sociedad salarial puede centrarse como punto histórico inicial al momento de explicar la aparición de sectores sociales que comienzan a incrementar sus niveles de privación.

El análisis realizado en este trabajo revela que si bien al inicio de los '90 el porcentaje de nuevos pobres se reduce de 21% a 8 %, luego 1994 se observa un incremento de nuevos pobres hasta alcanzar a inicios del 2002 un 17% de la población del Gran Buenos Aires. Este incremento podría asociarse a un proceso de carácter multicausal que combinados actuaron de manera simultánea sobre la estructura social dando lugar al empobrecimiento de la clase media en Argentina durante la década del '90. Se destacan entre los múltiples factores una gestión política funcional a sectores de altos ingresos y con una posición favorable a la precarización laboral, aparecen como explicaciones esclarecedoras. Sin embargo, a pesar que a comienzos del siglo XXI, existió un cambio en la gestión presidencial, no existieron profundas modificaciones respecto de las políticas adoptadas.

A su vez, la gestión económica se encontró inmersa en un proceso internacional multilateral de carácter neoliberal, que otorgó profunda fragilidad respecto de las crisis externas, el cual fue potenciado por la existencia de un tipo de cambio fijo, el cual debió fue abandonado de forma abrupta a finales del año 2001, teniendo consecuencias sociales totalmente negativas.

Finalmente debe señalarse que no puede considerarse integrado socialmente al estrato de los nuevos pobres, sino que por el contrario con el paso del tiempo y el sostenimiento de las carencias que presentan, corren el peligro de aumentar su grado de marginación, pasando a engrosar las filas de los pobres estructurales.

Referencias bibliográficas

Arakaki, A. (2011). *La Pobreza En Argentina 1974-2006*. Buenos Aires. Recuperado de http://www.econ.uba.ar/www/institutos/economia/ceped/resena_20_anios/publicac iones/dts/DT 15 - Arakaki.pdf%5Cnhttp://www.econ.uba.ar/www/institutos/economia/ceped/publica ciones/dts/DT 15 - Arakaki.pdf

Arnaudo, J., Querol, L., & Pérez, G. (2003). *CRISIS DEL TEQUILA Sus efectos sobre el sistema financiero argentino y sus normas prudenciales*. Universidad de CEMA. Recuperado de https://www.ucema.edu.ar/posgrado-download/tesinas2003/MDB_Arnaudo.pdf

Arriagada, I. (2005). Dimensiones de la pobreza y políticas desde una perspectiva de genero. *Revista de La CEPAL*, *85*, 101–113. Recuperado de http://repositorio.cepal.org/bitstream/handle/11362/11002/085101113_es.pdf?sequ ence=1&isAllowed=y

Banco Mundial. (2016). Datos del Banco Mundial. Retrieved April 25, 2017, from http://datos.bancomundial.org/

Boltvinik, J. (1992). El método de medición integrada de la pobreza. Una propuesta para su desarrollo. *Comercio Exterior*, *42*(4), 354–365. Recuperado de http://revistas.bancomext.gob.mx/rce/magazines/257/6/RCE6.pdf

Bordieu, P. (1980). Le capital social. *Actes de La Recherche En Sciences Sociales*, *31*, 2–3. Recuperado de http://www.persee.fr/doc/arss_0335-5322_1980_num_31_1_2069

Bourdieu, P. (1979). Les trois états du capital culturel, *30*, 3–6. https://doi.org/10.3406/arss.1979.2654

Brender, A., & Aglietta, M. (1984). *Les Métamorphoses de la société salariale*.

Capurro, P. V. (2008). El Consenso de Washington en América Latina: Políticas de ajuste de corte neoliberal expresados en el proceso privatizador de Argentina y Brasil (1989-1992) – Éxitos y fracasos en las estrategias decretistas de Menem y Collor de Mello. *Revista de Ciencia Política*, *4*. Recuperado de http://www.revcienciapolitica.com.ar/num4art9.php

Carbonetto, D. (1997). El sector informal y la exclusión social. En E. (coordinador) Villanueva (Ed.), *Empleo y globalizacion. La nueva cuestión social en Argentina* (1a ed., p. 508). Buenos Aires: Universidad Nacional de Quilmes.

Castell, R. (1997). *La metamorfosis de la cuestión social. Una crónica del salariado*. Barcelona: Paidós.

Galassi, G. (2011). Los nuevos pobres en Argentina con la crisis de 2001: criterios de cuantificación y comparación de su perfil con los pobres estructurales. *XI Jornadas Argentinas de Estudios de Población, Ciudad de Neuquén, 21-23 de Septiembre de 2011.*

Garcia Delgado, D. (1998). *ESTADO-NACIÓN Y GLOBALIZACIÓN*. Buenos Aires: Ariel.

Gervasoni, C. (2003). Debilidad Política y Crisis Financieras: Una Explicación del Fracaso de De la Rúa en Argentina. En *XXIV International Congress of the Latin American Studies Association* (pp. 1–37). Recuperado de http://lasa.international.pitt.edu/Lasa2003/GervasoniCarlos.pdf

Hernández Pedreño, M. H. (2010). El estudio de la pobreza y la exclusión social. Aproximación cuantitativa y cualitativa. *Revista Interuniversitaria de Formación Del Profesorado*, 24(3), 25–46.

Iriarte, A. (2003). La nueva cuestión social en la Argentina: alternativas recientes en políticas sociales. *Debates Latinoamericanos, 5to*.

Laborda, G. (2014, July 7). La Argentina y su drama con la inflación: a 25 años de la híper. *Ámbito Financiero*.

Lis, D. (2010). Desindustrialización y desempleo en la Argentina contemporánea: efectos sobre la estructura social. En *Introducción a la Sociología* (2da ed., pp. 151–174). Bahia Blanca: EDIUNS.

Lvovich, D. (2003). Colgados de la soga. La experiencia del tránsito desde la clase media a la nueva pobreza en la ciudad de Buenos Aires. En Biblos (Ed.), *Desde abajo. La transformacion de las identidades sociales* (1a ed., p. 252). San Miguel.

Ministerio de Economía y Finanzas públicas. (2005). Los Años ´90: La Acentuación de la Exclusión y La Pobreza. En *Empleo e Ingresos en el Nuevo Contexto Macroeconómico. Marzo de 2005*. Ministerio de Economía y Finanzaas. Recuperado de http://www.mecon.gov.ar/analisis_economico/nro3/capitulo1.pdf

Minujin, A. (1995). Cuesta abajo. Los nuevos pobres. En Losada (Ed.), *En la rodada* (1ra ed., pp. 15–44). Buenos Aires: UNICEF.

Minujin, A., & Kessler, G. (1995). *La nueva pobreza en la Argentina*. (G. E. Planeta, Ed.) (2da ed.). Buenos Aires.

Minujin, A., & López, N. (1994). Nueva pobreza y Exclusión. El caso Argentno. *Nueva Sociedad*, (131), 88–105.

Perona, N., Crucella, C., Rocchi, G., & Robin, S. (2001). Vulnerabilidad y Exclusión social. Una propuesta metodológica para el estudio de las condiciones de vida de los hogares.

Sala, J. (2008). *Convertibilidad, Reforma Laboral y negociación con los sindicatos*. Pontificia Universidad Católica Argentina "Santa María de los Buenos Aires ." Recuperado de http://www.uca.edu.ar/uca/common/grupo12/files/Convertibilidad-_Reforma_Laboral_y_negociaci-n_con_los_sindicatos_-_Sala.pdf

Santarsiero, L. H. (2011). Necesidades, bienestar e intervención social del estado : ejes de debate conceptual para el desarrollo de políticas sociales. *Enfoques XIII, 1 (Otoño 2011), 1*, 23–44.

Sobol, B. N. (2005). Los diversos significados de la exclusión social. *Centro de Estudios Sociales-UNNE.* Recuperado de http://www.unne.edu.ar/unnevieja/Web/cyt/com2005/1-Sociales/S-029.pdf

Vecslir, L. (2010). Vulnerabilidad y exclusión de la Argentina de los 90'. En *Introducción a la Sociología* (2da ed., pp. 197–209). Bahia Blanca: EDIUNS.